Rabbi Nachman
Gebete

Rabbi Nachman

Gebete

Sprich mit Gott
wie mit deinem besten Freund

Aus dem Englischen
(nach der Adaption von Moshe Mykoff und S. C. Mizrahi)
von Astrid Ogbeiwi

crotona

ISBN 978-3-86191-044-2

1. Auflage 2013
Crotona Verlag Gmbh & Co. KG

Original Edition published in english by Jewish Lights Publ.,
P.O.Box 237, Woodstock, VT. 05091, USA

Übersetzung: Astrid Ogbeiwi

Covergestaltung: Annette Wagner

Druck: C.H. Beck • Nördlingen

Inhalt

Prolog

Rabbi Nachman sagte: „Wenn du betest, dann halte vor Gott nichts zurück. Schütte dein Herz offen und ehrlich vor ihm aus, ganz so als sprächest du mit deinem besten Freund."

(Likutey Moharan II, 95)

Ewiger Gefährte,
hilf uns,
damit wir unser Herz
offen und ehrlich
vor Dir ausschütten können.
Mögen diese Gebete
uns dabei leiten.
Hilf uns, damit
wir uns Dir
nahe fühlen können,
lieber Gott.

Widmung

Dem Gedenken an meinen Vater, Rabbi Isaac Nadoff – Inspiration meines Lebens; Leben meiner Inspiration; Lebensader für sehr viele.

SCM

Dem Gedenken an Reb Shlomo – das Herz anzurühren, ist sehr viel schwieriger geworden, seit du diese Welt verlassen hast.

MM

Danksagungen

Vielen Dank an S.C. Ohne dich hätte ich diese Arbeit nicht nur nicht vermocht – ohne dich hätte ich sie nicht unternommen.
Mein ewiger Dank an dich, Elky – die preisgekrönte Co-Autorin meines Lebens.

MM

Ganz herzlichen Dank dir, MM. Deine geduldige Führung war mein Anker.
Meine lebenslange Wertschätzung dir, MDM – für alles, für immer. Alleine hätte ich es nie geschafft.

SCM

An Chaim Kramer: Wir sind unendlich dankbar für die Weisheit und den Zuspruch, die Sie so großherzig weitergeben.

Hinweis zu den Quellen

Rabbi Nachman hielt seine Anhänger nachdrücklich dazu an, ihre Gebete mit eigenen Worten zu formulieren. Er sagte ihnen, in diese Gebete sollten sie sowohl die Inhalte, die sie gerade in den heiligen Schriften studierten, als auch ihre alltäglichen Fragen und Erlebnisse mit einbringen. Getreu Rabbi Nachmans Weisung geht es in den Gebeten dieser kleinen Sammlung um die wohlbekannten Themen, vor die wir alle gestellt werden. Ihre Grundlage sind die entsprechenden Lehren aus dem zweibändigen Hauptwerk des Rabbi, dem *Likutey Maharan* („Rabbi Nachmans Gesammelte Lehren"). Deshalb ist jedem Gebet ein Hinweis auf die jeweiligen Lehrsätze Rabbi Nachmans in jenem Werk beigegeben. Einige Gebete dieser Sammlung bestehen aus zwei Teilen. Sie sind auf einander gegenüberliegenden Seiten angeordnet, und der Quellennachweis findet sich auf der rechten Seite im Anschluss an den zweiten Teil des Gebets.

Einführung

Das Leben macht uns alle zu Kriegern. Wollen wir als die Sieger daraus hervorgehen, müssen wir uns mit der mächtigsten aller Waffen rüsten: Diese Waffe ist das Gebet.

Rabbi Nachman

Rabbi Nachman von Bratzlaw (1772-1810), der spirituelle Meister, dessen tiefgründige Worte und Lehren Generationen von Gelehrten und einfachen Menschen gleichermaßen inspiriert haben, stellte stets das Gebet in den Mittelpunkt seiner Lehrtätigkeit. „Gebt mir euer Herz“, so sprach er, „und ich werde euch auf einen neuen Weg führen, der eigentlich der alte ist und auf dem unsere Vorfahren seit jeher gegangen sind – den Weg des Gebets.“

Seit Jahrtausenden sprechen die Menschen standardisierte Gebete, zu festen Zeiten und in einem formellen Rahmen. Solche Gebete stärken uns mit der Kraft, die aus der Verbindung zu unserer religiösen Tradition und unseren Wurzeln erwächst.

Doch Gebet ist mehr als eine Verbindung zur Vergangenheit. Es bringt uns in Kontakt mit dem Hier und Jetzt – mit unserem innersten Selbst und mit der Wahrheit darüber, was wir sind und was wir nicht sind.

Das Gebet bringt uns auch in Kontakt mit der Zukunft – mit alledem, was aus uns werden kann, sobald wir das innigste Sehnen unseres Herzens in die Realität umsetzen; sobald wir endlich die Ganzheit erlangen, die doch das Geburtsrecht der gesamten Menschheit ist.

Das Geheimnis aufrichtigen Betens, so lehrt uns Rabbi Nachman, liegt darin, jene stillen Augenblicke zu finden, in denen wir mit Gott in der Sprache unseres Herzens sprechen können – mit unseren eigenen Worten und in unserer eigenen Redeweise. Die klassischen Gebete waren nie dazu gedacht, den Aufschrei aus tiefstem Herzen zu unterbinden, der jederzeit und überall als ein Überfließen von Gefühlen aus den Tiefen der Seele hervorbrechen kann.

Wenn wir uns jeden Tag etwas Zeit nehmen zur Sammlung und für das Gebet in der Abgeschiedenheit – was der Rabbi als *Hitbodidut* bezeichnete – dann betreten wir eine besondere Dimension des Alleinseins, in der das Herz offen ist für die vertrauliche Kommunikation mit Gott. „Der neue Weg, der eigentlich der alte ist", ist dann der vollkommenste Weg des Herzens. Uralte jüdische Weisheit lehrt, dass die gesamte Schöpfung am Ende einen Zustand der Ganzheit und Vollkommenheit erlangen wird; der Messias wird die Welt in Liebe, Weisheit und Recht vereinen. Sinngemäß sagte Rabbi Nachman: Dem Messias wird es gelingen, die ganze Welt zu erobern, ohne einen einzigen Schuss abzufeuern; denn sein ist die „sanfte Waffe" des Gebetes.

Die Gebete in diesem Buch sind sehr persönliche, in der Sprache unserer Zeit formulierte Reaktionen auf Erfahrungen und Themen, mit denen wir uns in der heutigen Welt alle auseinandersetzen müssen. Die fünf Abschnitte des Buches umfassen die Grundelemente alles menschlichen Tuns. Dies sind, so sagen die Kabbalisten: Handeln, Reden, Fühlen, Denken und Wollen. Jedes Element entspricht einer Ebene der menschlichen Seele, die wiederum einer Schöpfungsebene entspricht. Dadurch, dass wir uns im Gebet auf diese Elemente konzentrieren, können wir die Seele in unserem Inneren an die transzendente Schöpfungsseele anbinden – und auf diese Weise näher zu Gott hinziehen. Jeder Abschnitt beginnt mit einem Gebet zu Gottes Lob und endet mit einem Dankgebet. Eine Beziehung ist keine „Einbahnstraße". Wir können nicht wahrhaft im Einklang mit unserem Schöpfer sein, wenn unsere Kommunikation insgesamt lediglich aus Bitten um Dinge besteht, die wir wollen oder brauchen. Durch Lob- und Dankgebete „geben" auch wir Gott etwas: Wir geben damit unserer Liebe zu und unserer Abhängigkeit von dem Einen Ausdruck, der alle unsere Bedürfnisse stillen kann.

Nutze dieses Buch als eine Hilfe, um alles Notwendige zu erhalten, was du für den fortwährenden Lebenskampf benötigst. Lies manchmal einen kurzen Augenblick, manchmal eine Stunde lang darin. Mache dir deine stärksten, tiefsten Gefühle zum Freund und wende dich mit ihnen an Gott. Bringe alles vor Gott, was dir auf dem Herzen liegt – und ernte unermesslichen

Lohn. Wende dich immer wieder diesem Buch zu und lasse dir helfen, die Worte zu formen, die dein Herz sehnlichst sagen will.

Und wenn du deine eigenen Worte findest, um auszudrücken, was dir aus dem Herzen strömt, dann schließe dieses Buch und lasse den Worten ihren Lauf. Wenn du dich Gott auf diese Weise näherst, dann wird sich dein Leben grundlegend zum Besseren wenden. Zwar bleiben des Lebens Kämpfe niemandem erspart, doch mit dem Gebet gewappnet, können wir uns ihnen furchtlos stellen. Rabbi Nachmans bedeutendster Schüler, Rabbi Nathan von Nemirov (Reb Noson), betete: „Gebieter aller Welten! Hilf mir, mit meinem Mund Worte zu formen, die eins sind mit meinem Herzen. … Hilf mir, alles, was ich vor Dir sagen muss, aus tiefstem Herzen und in voller Wahrheit auszusprechen!“ Lasst uns lernen, die Schlachten des Lebens mit der sanften Waffe des Gebetes zu schlagen, erfüllt von der ganzen Wahrheit und allen Gefühlen, deren unser Herz und unsere Seele mächtig sind.

1

Handeln

Kein Ort zu fern

„Zuerst sage mir: Gibt es hier in der Nähe eine abgeschiedene Stelle, wohin ich zum Beten gehen kann?", fragte Rabbi Nachman, kaum dass er in Bratzlaw, jener Stadt, deren Namen die Bewegung der Bratzlawer Chassidim seither trägt, angekommen war.
„Ich kenne eine Stelle, die sich sehr gut eignen würde", antwortete ein Chassid, „aber sie ist ziemlich weit weg."
„Weit weg?", rief da der Rabbi. „Was meinst du mit 'weit weg'? Vom Verstand … oder vom Herzen?"
Später lehrte Rabbi Nachman: „Wenn dein Herz sich sehnt, ist Entfernung kein Hindernis."

Zum Lob

Mein Gott,
ich arbeite und strebe
und weiß doch nie,
ob mir Erfolg beschieden ist.
Du und nur Du
kannst meinen Träumen Hoffnung schenken.
Mit Deiner Hilfe
bleiben mir
vergebliche Mühen erspart.
Mit Deinem Segen
kann alles erlittene Leid
reiche Früchte tragen.
Du und nur Du
bist in allem, was ich tue,
der Schlüssel zum Erfolg.

(LM I, 56)

Mut zu innerem Wachstum

Allmächtiger Gott,
Quell aller
Lebensenergie,
ohne Dich bin ich hilflos.
Schenke mir den Mut –
den körperlichen Tatendrang,
die emotionale Kraft
und den geistigen Willen –
Risiken einzugehen, um innerlich zu wachsen
und im Laufe meines Lebens
jede Herausforderung freudig anzunehmen.

(LM I, 152)

Ein erfülltes Leben

Oh Leben der Welt
gewähre mir ein erfülltes Leben –
ein Leben, das als ein langes gelten kann,
weil es erfüllt war von
rechter Lebensweise,
und das als ein reiches gelten kann,
weil es erfüllt war von
heiligen Handlungen.

LM (I, 60)

Über die Runden kommen

Quell, der alles erhält,
nähre mich.
Denn schon ein ganz einfaches Leben,
bei dem man nur arbeitet,
um die einfachsten
Grundbedürfnisse zu erfüllen,
verlangt einem heute
sehr viel ab.

Im Haben

Hilf mir, einen Ausweg zu entdecken
aus diesem ungeheuren Schuldenberg:
Die unvermeidlichen Aufwendungen
für die Bedürfnisse meiner Kinder;
die überwältigenden Kosten und Rechnungen;
die unabwendbaren Ausgaben
für medizinische Hilfen.
Vor allem aber,
lieber Gott,
hilf mir, dass mein Konto bei Dir
immer im Haben ist!

(LM I, 172)

Körper und Seele

Heiliger,
gewähre mir die Kraft,
die spirituelle Trägheit
und Gleichgültigkeit
abzuschütteln,
die auf meinem Körper lastet.
Gib, dass mein Körper –
zusammen mit meiner Seele –
sich immer höher
hinaufschwingt
zu Dir.

(LM I, 22)

Lehren durch Sein

Lieber Gott,
lehre mich, die Ideale zu verkörpern,
die meine Kinder
von mir lernen sollen.
Gib, dass ich weise
mit meinen Kindern spreche –
und so, dass es ihr Herz hinzieht
zu Freundlichkeit, zu Anstand
und zu wahrer Weisheit.
Lieber Gott,
gib, dass ich meinen Kindern
nur das Gute weitergebe,
dass sie in mir die Werte
und das Verhalten vorfinden,
die ich in ihnen einmal zu sehen hoffe.

(LM II, 7)

Ganzheit und Wohlbefinden

Gott der Ganzheit,
Gott der Heilung,
umhülle uns
mit Ganzheit und Wohlbefinden.
Heile uns an Körper und Seele.
Gib, dass alle Elemente unseres Körpers
in vollkommener Symmetrie
und friedlicher Harmonie
zusammenwirken.
Entferne jegliche Spur einer Krankheit,
jedes Anzeichen von Schwäche;
sende die Heilung,
die nur Du allein zu geben vermagst.

(LM II, 1)

Aufrichtigkeit

Oh Du, der Du unendlich tiefgründig
und doch auch
zutiefst einfach bist.
Hilf mir, den Weg der Einfachheit zu gehen.
Befreie mich
von jeder raffinierten Fassade,
die meinem endlosen Streben,
Dir näher zu kommen,
nur hinderlich ist.
Hilf mir, mein Leben
im Glauben,
in Aufrichtigkeit
und in vollkommener Einfachheit zu führen.

(LM II, 19)

Geben

Mein Gott, hilf mir, ein gebender Mensch zu werden.
Hilf mir zu geben … und immerzu zu geben.
Du hast uns aufgerufen,
wohltätig zu sein;
zeige mir, wie.
Zeige mir, wie ich geben kann
mit reinem Herzen
mit offenem Herzen,
mit freudigem Herzen.
Führe mich jenen zu,
die es wahrhaft verdienen,
denn Geben ist eine heilige Handlung.
Hilf mir, die wahrhaft Bedürftigen zu finden,
und hilf ihnen, mich zu finden.

(LM I, 251)

Wahre Nahrung

Lieber Gott,
lehre mich, richtig zu essen
und aus den richtigen Gründen zu essen.
Bewahre mich davor,
das Falsche zu essen
und mehr zu essen, als ich sollte.
Gib, dass alles, was ich esse,
mich nährt,
mich niemals schwächt
oder mir schadet.
Gib, dass die Nahrung, die ich zu mir nehme
in mir ein vollkommenes Gleichgewicht schafft:
an Körper,
Geist
und Seele.

(LM I, 263)

Eine Richtung finden

Lieber Gott,
ich brauche Deine Führung.
Weise mir die Richtung im Leben,
denn die sinnlosen Verlockungen
dieser Welt
haben mich im Griff.
Gib, dass ich über
die groben Notwendigkeiten
meines täglichen Lebensunterhalts
hinaussehen kann.
Gib, dass ich tiefe Freude finde
an dem, was wirklich kostbar ist –
an der Schönheit meiner Beziehung
zu Dir, lieber Gott.

Arbeiten, um zu leben

Obwohl mir nichts anderes übrig bleibt,
als zu arbeiten,
um den Lebensunterhalt für mich
und alle zu verdienen, die von mir abhängig sind,
gib, dass meine Arbeit niemals
mein körperliches und seelisches
Leben beherrscht.
Gib, dass ich mich nie so sehr
auf die Sicherung meines
Lebensunterhalts versteife,
dass ich in die
Unehrlichkeit absteige,
um vorwärts zu kommen.
Gib, dass ich nichts erledige,
ohne anzuerkennen,
dass jeglicher Erfolg,
der mir beschieden sein mag,
allein von Dir kommen kann.

(LM I, 13)

Stress

Oh Gott,
sieh meinen Schmerz.
Sieh die ständige Anspannung
und die Angst,
unter denen ich funktionieren muss, –
unter denen ich nicht funktionieren *kann*.
Rühre mein Leben an
mit Deiner Liebe,
mit Deiner Stärke,
mit Deiner Weisheit.
Auf mir lastet mehr, als ich
alleine tragen kann.

(LM I, 54)

Mühen

Gütiger, liebender, mächtiger Gott:
Strecke Deine Hand aus,
mich zu stärken.
Hebe mich heraus
aus meinem Abgrund;
mache mein Unrecht wieder gut;
verwandele all mein Scheitern
in Erfolg.
Schaue auf alle meine Mühen
und sprich:
„Genug!“

(LM I, 195)

Prioritäten

Oh Gott,
hilf mir, die beständigen Wahrheiten im Leben
fest in meinem Geist zu verankern.
Gib, dass all mein Handeln auf
die höchsten Lebensziele ausgerichtet ist.
Denn wie kann ich Dir gegenübertreten,
mein Schöpfer,
wenn ich nicht alle meine Tage
darauf verwendet habe,
mich auf jenen Augenblick vorzubereiten,
in dem ich Dir begegne?
Wie kann ich Dir gegenübertreten,
Quell meines Lebens,
solange ich nackt und bloß
im Sumpf der Fantasievorstellungen
verharre,
aus denen sie ja bestehen,
die Illusionen des Lebens?

(LM I, 54)

Das Leben voll ausschöpfen

Lieber Gott,
während ich älter werde –
während Stunden zu Tagen,
Tage zu Wochen,
Wochen zu Monaten
und Monate zu Jahren werden –
gib, dass meine Zeit
nicht verschwendet noch verloren ist.
Gib, dass ich das Leben
voll ausschöpfe,
um der Mensch zu werden,
der ich werden soll.

(LM I, 60)

Zum Dank

Lieber Gott,
all das Gute,
das ich auf dieser Welt tun kann,
wird niemals aufwiegen,
was Du mir
Gutes getan hast.
All mein gütiges Handeln
wird niemals
der Güte gleichkommen,
die Du mir erwiesen hast.
Selbst alle Dankbarkeit,
die ich aufbringen kann,
wird nie genügen,
um meinem Lob und
meinem Dank Ausdruck zu geben
an Dich, mein Gott.

(LM II, 78)

2

Reden

Rabbi Nachmans „Mantra"

„Ich möchte so gerne beten und Gott sagen, was ich alles durchmache, und Ihn um Hilfe bitten", erklärte einmal ein Chassid dem Rabbi Nachman, „aber wenn ich dann endlich alleine bin und versuche zu beten, kommen keine Worte."

„Dann", versicherte ihm der Rabbi, „ist es bereits sehr segensreich, wenn du Gott einfach nur anrufst *Ribbono schel Olam!** – immer und immer wieder."

Als Reb Noson einmal zu Ohren kam, dass jemand tausend Seiten aus dem Talmud zitieren könne, erwiderte er: „Ja, das ist beeindruckend. Doch unter den Anhängern von Rabbi Nachman gibt es welche, die können tausend Mal das ‚*Ribbono schel Olam*' sprechen!"

*Hebräisch wörtlich: „Gebieter aller Welten"

Zum Lob

Gebieter aller Welten!
Du hörst die Schmerzensschreie
und das verzweifelte Klagen
von jedem einzelnen
Deiner geliebten Kinder.
Du vernimmst mein zusammenhangloses Rufen,
Du verstehst meine
durcheinander gewürfelten Worte.
Ich versuche nach Kräften, Dich zu erreichen;
mit meinen unzulänglichen Gebeten,
rufe ich zu Dir –
und Du verstehst.

(LM II, 46)

Gebet

Gott des Lebens,
hilf mir,
mit aller Kraft zu beten, die ich aufbringen kann.
Ach könnte ich nur all meine Energie
in jedes Wort
– ja, in jeden Buchstaben –
meines Gebetes legen,
ich weiß, das würde mir
neue Kraft schenken …
und einen neuen Geist.
„Das Gebet zum Allmächtigen ist mein Leben“,
spricht der Psalmist.
Bitte
hilf mir beten.

(LM I, 9)

Zu Gott schreien

Oh wie will ich zu Dir schreien,
Gott der Stärke,
ohne Ablenkung und mit reinem Herzen
zu Dir schreien.
Hilf mir,
mit all meiner Kraft zu beten,
meine Stimme zu erheben
in dröhnendem Flehen –
bis
meine Gebete
auf meinen Geist auftreffen wie Donnerschlag
und die entlegensten Winkel
meines Herzens läutern.

(LM I, 5)

Ein wahres Wort

Oh, lieber Gott,
nur einmal
lass mich Dich anrufen mit
einem wahren Gebet.
Lass mich
einen reinen Gedanken
denken,
einen wahren Schrei
ausstoßen,
ein ganz und gar aufrichtiges Gebet
sprechen
an Dich,
lieber Gott.

(LM I, 30)

Gebet um Heilung

Gott der Ganzheit,
Gott der Heilung,
erhöre unsere Worte
unsere Gebete nimm an;
sende unter allen deinen Kindern,
die Not haben an
Deinem heilenden Segen,
dem/der [Name], Sohn/Tochter der
[Name der Mutter]
einen besonderen Heilungssegen.

(LM II, 1)

Offenheit

Lieber Gott,
ich möchte
mich Dir öffnen –
ganz,
vollkommen
und aufrichtig.
Ich möchte
Dir erzählen
von
meinen Zweifeln – meinen Gewissheiten,
meinen Schwächen – meinen Stärken,
meinem Scheitern – meinen Erfolgen.

Die Schranken niederreissen

Gott,
ich will alle Schranken
niederreißen,
die mich von
Dir trennen.
Vor Dir will ich alles ausbreiten:
Das, was ich an mir mag
und das, was ich an mir hasse;
das, was an mir gesund ist
und das, was Heilung benötigt;
das, wovon ich gelassen sprechen kann
und die Unsicherheiten,
über die zu sprechen mir der Mut fehlt.

(LM II, 25)

Weinen und Seufzen

Die Jahre haben
mehr Schmerz gebracht
als ich je für möglich gehalten hätte.
Wenn ich weine,
liebender Gott,
dann gib, dass ich nur zu Dir weine.
Wenn ich seufze,
dann gib, dass dieser Seufzer
der reine, aufrichtige Ausdruck
einer Seele ist, die Sehnsucht hat
nach Deinem Licht.

Freude und Sinn

Gib, dass mein Weinen und Seufzen
mich heilt,
mich wiederherstellt
und zur Freude führt.
Gib, dass ich nie wieder
der Bitterkeit
oder bedrückenden Gedanken erliege.
Gott,
zeige mir den Sinn des Lebens.

(LM I, 56)

Wirkungsvolle Worte

Gott der Weisheit,
lehre mich die rechten Worte.
Lehre mich die Worte,
die andere
an Herz und Seele
berühren.
Wenn ein Freund
mein verständnisvolles Ohr braucht,
lehre mich, Worte zu sprechen,
die bestärken,
die Mut zusprechen,
die nichts als ein Ausdruck
meiner Liebe
und Fürsorge sind.

(LM I, 34)

Wirkungsvolles Schweigen

Gott der Weisheit,
lehre mich, anderen
mit Worten zu begegnen,
die sie brauchen,
mit Worten,
die niemals
irreführen.
Lehre mich, lieber Gott,
dass oft
keine Worte
die wirkungsvollsten Worte sind.
Lehre mich, wann und wie
ich durch jene mächtige Gabe
des Schweigens sprechen soll.

(LM II, 7)

Einfühlsame Rede

Gott des Verständnisses,
leite mich,
denn manchmal bringen meine Worte
mich selbst aus der Fassung.
Wenn ich den Menschen um mich herum
nicht einfühlsam begegne;
wenn ich sie verletze,
in Verlegenheit bringe
oder beleidige;
wenn ich mit einer Gefühllosigkeit rede,
die anderen weh tut;
wenn ich mich
in Selbstgefälligkeit verliere –
dann, Gott, hole mich in die Wirklichkeit zurück.
Hilf anderen zu verstehen,
dass auch ich darunter leide,
und gib, dass sie verzeihen.

(LM II, 1)

Verletzende Worte

Oh Gott,
hilf mir, dass ich Sprache
nie unheilvoll gebrauche.
Gib, dass kein unwahres Wort
über meine Lippen kommt.
Ich bete, dass ich nie
schlecht von anderen spreche,
oder hohle Gefälligkeiten von mir gebe.
Hilf mir, mich vom Groben fernzuhalten.
Lehre mich, lieber Gott,
wann ich schweigen
und wann ich reden soll;
und wenn ich spreche, oh Gott,
dann behüte mich davor, jemals einen anderen
zu erniedrigen oder zu verletzen
durch meinen Gebrauch
Deines wunderbaren Geschenkes der Rede.

(LM I, 63)

Lügen

Herrscher der Welt,
schenke mir Wahrheit!
Bewahre mich vor den Lügen der anderen.
Hilf mir, mich selbst davon abzuhalten,
dass ich andere belüge.
Bewahre mich davor,
mich selbst zu belügen,
und behüte mich
vor den Lügen
meiner eigenen Illusionen.
Oh Gott,
gib, dass ich nie eine Lüge lebe,
nicht einmal einen Augenblick lang.

(LM I, 7)

Heilige Klänge

Oh Gott,
in Deiner Schöpfung erklingen
heilige Klänge.
Gib, dass ich sie alle höre.
Gib, dass sie in mein Herz dringen
und mir die Sinne schärfen:
Das Klingeln einer Sammelbüchse,
die Stimme eines gewissenhaften Lehrers,
selbst der Klang
meines eigenen Seufzens,
wenn ich zu Dir rufe –
alle diese Klänge sind heilig.
Oh Gott,
gib, dass ich sie alle höre
und von ihnen erhoben werde.

(LM I, 22)

Zum Dank

Gott, mein einziger Halt,
Du hast mich gelehrt zu beten,
zu seufzen,
zu weinen,
aus meinen tiefsten Inneren
wahre, sinnvolle Worte zu erwecken:
Worte, die Kraft geben;
Worte, die meinen Schmerz lindern
und meine Wunden heilen;
Worte, die die Dunkelheit vertreiben.
Danke Gott,
dass Du mir die Lippen öffnest
und mich lehrst,
Dich zu suchen
im Gebet.

(LM I, 11)

3

Fühlen

Fühlen

Rabbi Nachman lehrte: Was das Gebet um Dinge anbelangt, die du brauchst, ist nichts zu gering, als dass du Gott nicht darum bitten könntest.

Reb Noson erwähnte gegenüber Rabbi Nachman einmal beiläufig eine unbedeutende Annehmlichkeit, die er gerne gehabt hätte.

„Dann bitte Gott darum, dass er sie dir gibt", riet ihm der Rabbi.

„Ich war völlig perplex", berichtete Reb Noson. „Nie wäre es mir in den Sinn gekommen, Gott um etwas so Banales zu bitten, zumal ich auch sehr gut ohne es hätte auskommen können.

Als der Rabbi merkte, wie überrascht ich war, fuhr er fort: ‚Sage mir, ist es unter deiner Würde, um eine solche Kleinigkeit zu beten? Egal, was dir fehlt, es ist immer das Beste, im Gebet darum zu bitten.'"

Zum Lob

Guter Gott des Mitgefühls,
Deine Barmherzigkeit ist immer bei mir –
in jedem Augenblick meines Lebens
und mit jedem Atemzug.
Nur Du kannst mich
so vollständig,
so bedingungslos,
so tief lieben.
Wenn anderen Menschen an mir liegt,
dann nur deshalb, weil Dir an mir liegt.
Wenn meine Worte
anderen zu Herzen gehen,
dann ist dies nichts weiter als eine Spiegelung
Deiner allumfassenden Gegenwart
in meinem Leben.

(LM I, 1)

Mitgefühl

Liebender Gott,
der Du voller Mitgefühl bist,
lehre mich, so zu sein wie Du.
Lehre mich freundlich zu sein und gütig
und liebevoll,
gerade so wie Du
zu allen Deinen Geschöpfen
freundlich und gütig
und liebevoll bist.
Bitte
hilf mir, gegenüber allem in der Schöpfung
wahres Einfühlungsvermögen und
echtes Mitgefühl zu entwickeln.

(LM I, 105)

Freude

Gott,
zerschunden und geschlagen
von den zahllosen Beweisen
meiner Unzulänglichkeit stehe ich vor Dir.
Und doch müssen wir
mit Freude leben,
Verzweiflung überwinden,
jede leiseste Andeutung von Güte,
jeden positiven Aspekt in uns
suchen, verfolgen und finden
und so wahre Freude entdecken.
Steh mir bei dieser Suche bei, oh Gott.
Hilf mir, Zufriedenheit
und eine tiefe, beständige Freude zu finden
an allem, was ich habe,
an allem, was ich tue,
an allem, was ich bin.

(LM I, 282)

Eine positive Einstellung

Barmherziger Gott,
lass mich Deine Barmherzigkeit erfahren.
Bewahre mich vor Pessimismus,
vor Bitterkeit
und vor Zynismus.
Hilf mir,
meine negativen Gefühle
zu überwinden;
hilf mir,
Arroganz in jeder Form
zu vermeiden und
jeden Anflug von Gier.

Liebevoller Schutz

Liebender Gott,
beschütze mich
mit Deiner Liebe.
Verhindere, dass andere
mich mit Feindseligkeit betrachten.
Lasse nie zu,
dass die Negativität anderer
mein Leben beeinflusst
oder in mein Schicksal eingreift.

(LM I, 54)

Das Gute sehen

Gott, es ist ja so leicht,
das Böse zu finden,
das Hässliche,
das Schlechte.
Hilf mir, dass ich lerne,
alles Negative im Anderen
außer Acht zu lassen.
Zeige mir die Güte,
die Schönheit,
die Freundlichkeit
in allen, die mir begegnen.

Die Macht der Liebe

Lehre mich, in anderen die guten Eigenschaften
zu suchen,
ihren unschätzbaren Wert zu erkennen.
Lehre mich, für alle deine Kinder
Liebe zu empfinden,
denn keines,
kein einziges
ist ohne aussöhnenden Wert.
Gib, dass das Gute in mir
sich verbindet mit dem Guten
in anderen,
bis die ganze Welt
verwandelt wird durch
die unwiderstehliche Macht
der Liebe.

(LM II, 17)

Seelengefährten

Liebender Gott,
auf Deiner Welt leben
so viele ohne
wahre Liebe;
so viele
können ihren Seelengefährten
nicht finden.
Hab Erbarmen mit ihnen.
Du Quell aller Liebe,
lasse jede einsame und unvollständige Seele
die Einheit des Daseins erfahren,
die sich einstellt,
wenn man
seine wahre Liebe findet.

(LM II, 87)

In Liebe leben

Gott der Barmherzigkeit, Gott der Liebe,
es ist zuweilen schwierig –
so schmerzlich schwierig –
ein harmonisches Familienleben zu führen,
eine Ehe zu führen,
die auf wahrer Freundschaft und Liebe gründet.
Gib, dass nie auch nur ein Anflug
von Streit, Enttäuschung oder Argwohn
unsere Beziehung überschattet.
Wir brauchen
eine besondere Gabe Mitgefühl,
damit wir einander
verstehen
und füreinander da sind,
uns aufrichtig in den anderen einfühlen können
und einander offen annehmen.
Gib, dass Frieden in Fülle unser Haus beseelt.

(LM II, 87)

Frieden

Gott,
hilf mir, dass ich lerne, Frieden zu lieben,
Frieden anzustreben,
Frieden zu stiften.
Bewahre mich
vor dem Drang, immer
Recht zu haben –
der nur zu Spannungen führt
und Streit.

Einheit

Gott, hilf mir,
eine Einheit zu schmieden –
zwischen mir und anderen;
zwischen mir und meinem Partner;
zwischen mir und meinen Kindern.
Hilf mir, eine Einheit zu schmieden
aus den vielen Ichs
in mir.
Hilf mir, eins zu werden
mit Dir.

(LM I, 75)

Warten lernen

Gott der Geduld,
lehre mich
Geduld.
Hilf, dass ich
warten lerne –
auf das Gute,
das bereits vor der Tür steht;
auf die Hilfe,
die schon bald kommt;
auf die Erlösung,
die nur noch einen Augenblick auf sich warten
lässt.

Innere Ruhe

Geduldiger Gott,
lehre mich, auch geduldig zu sein –
ruhig gegenüber denen, die verärgern,
tolerant gegenüber denen,
die zur Verzweiflung treiben,
duldsam gegenüber denen, die enttäuschen.
Hilf, dass ich
gelassen bleibe im Angesicht des Spottes,
ruhig im Angesicht der Provokation,
gefasst inmitten des Sturms.
Und Gott …
lehre mich,
Geduld zu haben
mit mir selbst.

(LM I, 155)

Vergebung

Vergebender Gott,
Du allein weißt, wie dringend ich lernen muss,
selbst zu vergeben.
Hilf mir, all die Wut auszulöschen,
die in mir brennt.
Befreie mich von allem Groll
gegen jene, die
mir Unrecht getan haben.
Hilf mir,
alle Abneigung,
alle Feindseligkeit
abzulegen,
die mein Herz verstopfen.
Hilf mir, meine Wut in Liebe zu verwandeln
und meine Feindseligkeit in
Mitgefühl.

(LM I, 18)

WUT

Gott,
ich will niemals wütend werden.
Beschütze mich
vor meinen leidenschaftlichen Gefühlen.
Gib, dass ich mich nicht in
Engstirnigkeit oder
Groll gegen andere verliere.
Bewahre mich davor, dass ich meine
Unbeherrschtheit
gegen etwas
oder jemanden
und ganz besonders sogar
gegen
mich selbst richte.

(LM I, 59)

Eine friedliche Haltung

Lehre mich, oh Gott,
nur Frieden zu suchen.
Bewahre mich vor
jeder Form von
scharfem Wortwechsel, vor Auseinandersetzung
und Zank;
befreie mich von
jeder Art von
Missverständnissen und Streit.
Wo kein Friede ist,
da kann keine Freude sein,
da kann keine Liebe sein,
da kann keine wahre
Geistesgegenwart sein.
Lieber Gott,
lasse mich teilhaben am Frieden.

(LM I, 80)

Zufriedenheit

Lieber Gott,
bewahre mich davor zu wollen,
was nicht mein ist.
Beschütze mich vor meiner Missgunst,
beschütze mich davor,
das Geld oder den Besitz,
die Stellung oder das Ansehen zu begehren,
die einem anderen gehören.
Gib, dass ich dir zutiefst vertraue
und fest daran glaube,
dass ich erhalten werde,
was ich erhalten soll.
Gib, dass ich dir so tief vertraue,
dass ich zufrieden bin
mit allem, was ich
heute habe.

(LM I, 23)

Selbstachtung

Lieber Gott,
lasse mich Dir nahe sein.
Schenke mir Zufriedenheit mit meinem Leben.
Gib, dass ich Freude finde an der Nähe zu Dir
und meine Zufriedenheit
in Selbstwertgefühl verwandeln kann –
nicht in eines, das auf Arroganz
oder Selbstgefälligkeit beruht,
sondern in eine demütige Selbstachtung,
die fest verwurzelt ist in Heiligkeit.

(LM I, 22)

Arroganz

Lieber Gott,
befreie mich von falschem Stolz;
befreie mich von der Arroganz,
die ein aufgeblasenes Selbstbild mit sich bringt.
Bewahre mich vor Überheblichkeit,
vor dem überladenen Ego,
das von einem hohlen Selbst herrührt.
Gib, dass ich lerne,
mit mir im Einklang zu sein;
gib, dass ich niemals den Drang verspüre,
jemanden herabzusetzen,
damit ich mir wertvoll vorkomme,
damit ich mich geachtet und gewürdigt fühle.

(LM I, 14)

Eine Oase der Freude

Lehre mich die Bedeutung der Freude,
lieber Gott –
großer,
tiefer,
echter
und reiner Freude.
Gib, dass ich
Gefühlen der Traurigkeit,
Einsamkeit und Niedergeschlagenheit
nicht nachgebe.
Lehre mich, mich
mit jedem Problem,
jeder Enttäuschung,
jeder Angst und jedem Schmerz
an Dich zu wenden.
Nimm dich meines gebrochenen Herzens an.
Heile mich,
und behüte mich
in einer Oase der Freude.

(LM I, 24)

Klatschen und Tanzen

Lieber Gott,
rühre an mein Herz
mit dem Geist der Freude.
Erfülle meine Arme und Beine
mit diesem Geist;
denn meine Arme sind belastet
und meine Beine sind mir schwer geworden
durch mein Fehlverhalten.
Erfülle mich, mein Gott,
mit dem reinigenden Geist heiliger Freude.
Belebe alle meine Glieder.
Hilf mir, die Arme zu heben und zu klatschen.
Hilf mir, die Füße zu heben
und zu tanzen, tanzen, tanzen.

(LM I, 10)

Verlust überwinden

Lieber Gott,
plötzlich bin ich allein; ich leide großen Schmerz.
Auf meiner Suche nach einem Quell
des Trostes
erscheint mir die Welt –
die Welt, die einst so voll und so geschäftig war –
jetzt so leer.
Es ist kalt
und angsteinflößend
in dieser Leere, die ich bin –
in dieser Leere, die einst
vor Zuversicht und Freude überquoll.
Gott, hole mich wieder zurück –
zurück in die Welt der Lebenden,
zurück zu einem Leben der Tat
und der menschlichen Beziehungen.

(LM I, 277)

Zum Dank

Liebender, fürsorglicher Gott,
alles Glück und alle Erfüllung
in meinem Leben
kommen allein von Dir.
In dem Wissen, wie absolut
ich von Dir abhängig bin,
finde ich inneren Frieden.
Deine Gegenwart
durchströmt mein Leben,
streichelt mich mit
Hoffnung, Freude und Liebe.
Ich habe dein Mitgefühl erfahren,
ich habe deine Geduld erlebt,
und ich bin erfüllt von
Dankbarkeit.

(LM II, 10)

4

Denken

Eine völlig neue Welt

„Man kann unmöglich beschreiben, wie wunderbar es in jenen ersten Jahren war“, sagte Rabbi Nachman zu einem Chassid, als sie miteinander am Rande des Dorfes spazieren gingen, in dem der Rabbi während seiner ersten Ehejahre gelebt hatte. Hier hatte er Gott noch vergleichsweise unerkannt anbeten und dienen können. „Mit jedem Schritt, den ich auf diesen Feldern ging, betend und Gott anrufend, erlebte ich einen Vorgeschmack aufs Paradies.“

Ein anderes Mal schilderte Rabbi Nachman, wie es war, wenn er nach einem Tag, an dem er Gott in den Feldern oder im Wald sein Herz ausgeschüttet hatte, wieder nach Hause kam: „Bei meiner Rückkehr erschien mir alles anders. Die Welt wirkte völlig neu.“

Zum Lob

Oh Gott,
nur ansatzweise erkenne ich,
wie viel Du für mich getan hast.
Nun muss ich im tiefsten Inneren
begreifen, dass
alles, was mir geschieht
– alles –
Ausdruck Deiner
immerwährenden Liebe
und Deiner Sorge
um mein höchstes Wohl ist.
Gott, während ich so
Deine große Güte erkenne
und meine Gedanken erfüllt sind
von Deiner Freundlichkeit,
lobsinge ich Dir.

(LM I, 4)

Licht des Gewahrseins

Gott,
gib, dass ich begreife,
was ich
im Licht des Gewahrseins sehe.
Gib, dass ich verstehe,
was mich im Leben
im tiefsten Inneren berührt –
auf eine Weise,
die beide einschließt,
den Erwachsenen
und das Kind
in mir.

(LM I, 20)

Ummantelt vom Glauben

Mein Gott,
Du und nur Du weißt,
wie sehr ich
an Dich glauben will,
dass ich all meinen Glauben
allein auf Dich setzen will.
Hilf mir, dass dieser Wunsch
Wirklichkeit wird.
Hilf mir, dass ich
Deine Gegenwart
in jedem Augenblick meines Lebens,
bei allen Widrigkeiten auf meinem Weg,
spüre und Kraft daraus schöpfe.
Gib, dass diese Erkenntnis
meinen Glauben an Dich festigt –
wohin ich auch gehe,
was ich auch tue.

(LM II, 44)

Gottes Gerechtigkeit annehmen

Gott, hilf mir zu sehen;
hilf mir,
alles, was ich sehe,
im Lichte Deiner Wahrheit,
im Lichte Deiner höchsten Gerechtigkeit
zu verstehen.
Wenn ich sehe, wie erfolgreich die schlechten
Menschen sind,
dann hilf mir zu erkennen,
dass dies nur eine Illusion ist –
nichts Authentisches,
nichts Echtes.
Wahrer Erfolg,
wirklich Gutes, absolutes Glück,
sind nur bei Dir zu finden,
geliebter Gott der Wahrheit,
und eines Tages werde ich es sehen,
erleben
und begreifen.

Zweifel überwinden

Mein Blick ist verzerrt,
geliebter Gott der Wahrheit.
Ich möchte klar sehen,
aber mein Herz führt mich
auf verschlungene, verworrene Pfade
falsch verstandener Eindrücke.
Begradige diese Pfade,
damit ich mich stärken kann
an der Festigkeit meines Glaubens.

(LM I, 55)

Lernen, was das Leben mich lehren will

Lieber Gott,
gib, dass mein Herz
die tiefe Weisheit
begreift,
mit der Du die Welt
erschaffen hast.
Hilf mir zu verstehen,
dass die Schwierigkeiten im Leben
in Wirklichkeit Chancen sind,
dass jedes Ende im Leben
zugleich ein Anfang ist,
dass die Enttäuschungen im Leben
die besten Lehrer sind.

Lernen, was das Leben mich lehren will

Lieber Gott,
gib, dass mein Herz
die tiefe Weisheit
begreift,
mit der Du mich
erschaffen hast.
Hilf mir zu verstehen,
dass meine Verletzlichkeiten
mich in Wirklichkeit innerem Wachstum öffnen,
dass meine Einschränkungen
mich Grenzen überwinden lassen,
und gerade mein Scheitern
mich lehrt, erfolgreich zu sein.

(LM I, 18)

Wahrnehmung: Körper und Seele

Heiliger,
gewähre mir die Weisheit,
meinen Körper und meine Seele
in eine harmonische Verbindung
miteinander zu bringen.
Lasse sie gemeinsam wachsen
in meiner Hingabe an Dich.
Meine Seele sieht Dein Licht –
gib, dass auch mein Körper es erkennt.
In meiner Seele erklingt Dein Lobgesang –
gib, dass auch mein Körper Dir lobsingt.

(LM I, 22)

Gesammeltes Gebet

Lieber Gott,
wie sehr möchte ich
beten,
doch die Ablenkungen
hören niemals auf.
Bitte
hilf mir, sie zu überwinden.
Hilf mir,
wirklich gesammelt zu sein.
Hilf mir,
nur ein einziges Mal
ausschließlich mit wahren,
aus tiefstem Herzen kommenden Worten
zu Dir zu beten,
lieber Gott.

(LM I, 30)

Weiser Rat

Oh Gott,
wie soll ich mich zurechtfinden
in all der Verwirrung
und Ungewissheit,
die so vieles vernebeln, was ich tue?
Führe mich zu weisen Lehrern und Beratern,
deren Rat rein ist
und im Einklang steht mit Deinem Willen.
Führe mich zu wahren Freunden,
deren Rat fürsorglich ist
und meinem Besten dient.
Führe mich zu klaren, richtigen Entscheidungen,
zu Schlussfolgerungen, die klug sind
und frei von allem Zweifel.

Klarheit und Zuversicht

Oh Gott,
schenke mir Klarheit
und Zuversicht
in allem, was ich tue.
Lehre mich, weisen Lehrern zu vertrauen –
und aus ihren aufschlussreichen Worten zu
lernen.
Lehre mich, wahren Freunden zu vertrauen –
und ihre wohlmeinende Sorge um mich zu
schätzen.
Lehre mich, mir selbst zu vertrauen –
meinen Weg richtig
zu beurteilen
und daher mit Überzeugung und
Hoffnung zu leben.

(LM I, 61)

Wunder der Natur

Lieber Gott,
öffne mir die Augen,
damit ich staunend
die zahllosen Wunder sehe,
die Du immerzu
für mich wirkst.
Öffne meinen Geist,
damit ich verstehe,
dass der scheinbar
natürliche Lauf der Dinge
in Wirklichkeit
in jeder Hinsicht wunderbar ist.
Deine leitende Hand
führt und stärkt mich
in allem, was ich tue.

Die Wunder des Lebens erkennen

Öffne mir die Augen,
Oh Gott,
für die Wunder, die mich umgeben.
Zeige mir das Wunder
in allen meinen Atemzügen,
in allen meinen
Gedanken,
Worten
und Bewegungen.
Gib, dass ich die Wunder der Welt,
deren Zeuge ich werde,
stets achtsam erlebe
und immer voller Ehrfurcht
vor allem, was Du geschaffen hast.

(LM I, 19)

Das Licht in der Dunkelheit sehen

Gott unfassbarer Güte,
die Geschichte menschlichen Leidens
wiegt schwer auf meiner Seele;
Asche, Blut und Schreie
durchbohren mein Herz;
teuflische Pläne von Unterdrückern
suchen meinen Geist heim.
Schenke mir alle deine Kraft und Stärke,
Dein Verständnis
und Deinen Glauben,
damit ich Dich zu finden vermag –
Dein Licht entdecken kann
inmitten des blindwütigen Grauens,
und über alles quälende Entsetzen hinweg.

(LM I, 250)

Ordnung ins Durcheinander bringen

Gott der Wahrheit,
hilf mir, Ordnung in das
Schwindel erregende Durcheinander
meines Lebens zu bringen.
In meinem Kopf dreht sich alles,
was ich gesehen habe,
was ich gelesen habe,
was mir widerfahren ist.
Lehre mich, mich zu sammeln,
Prioritäten zu setzen
und klar zu sehen,
damit ich im Leben
weiterkommen kann.

(LM I, 15)

Ein demütiger Geist

Lieber Gott,
führe mich auf den Pfad
aufrichtiger Demut.
Sollte ich mich je aufspielen
– gebiete mir Einhalt!
Segne mich mit einem demütigen Geist:
Mit Augen,
die nur das Gute in anderen sehen,
mit einem Verstand,
der für andere Meinungen stets aufgeschlossen ist;
mit einem Herzen,
das sich immer um andere sorgt.
Lehre mich, mich noch
vor den geringsten Deiner Kinder
zu demütigen,
weil gerade ihre Zerrissenheit
sie näher bringt
zu Dir.

(LM I, 14)

Das Gute finden

Liebender Gott,
hilf mir,
alles, was gut ist,
alles, was positiv ist,
in der Welt,
zu entdecken
und aufzudecken.
Wenn sie auch gut getarnt sein mögen,
gib, dass ich
die flüchtigen Funken
des heiligen Lichtes
finde.
Gib, dass ich all die Schönheit
und Wahrheit erkenne,
die in Deiner Schöpfung verborgen ruht.

(LM I, 33)

Das Gute finden

Wo ich auf
Niedertracht und Böses treffe,
da lasse alles Schlechte
vor mir abfallen.
Lasse alles Gute und die Gottesfurcht,
die in jedem verborgen liegt,
dem ich begegne,
aufleuchten
und hervortreten
als ein wunderbarer Widerschein
von Schönheit und Licht.

(LM I, 33)

Die Kontrolle verlieren

Ach, wie viel Gutes
habe ich verloren,
weil mir die Kontrolle über meine Wut
entglitten ist;
ein Großteil meines Lebens
und viel inneres Wachstum
sind mir unter den Händen zerronnen,
weil ich zugelassen habe,
dass meine hitzigen Gedanken
die Oberhand über mich gewannen.
Gott,
lehre mich loszulassen.

(LM I, 68)

Den richtigen Blickwinkel wahren

Oh Gott, bitte hilf mir zu begreifen,
dass das Leben auf dieser Welt flüchtig ist –
kaum mehr als ein Gedankenspiel.
Jetzt, in diesem Augenblick, bin ich hier,
genau wie die Menschen um mich herum.
Wo werde ich –
wo werden sie –
in einer Stunde,
in einem Tag,
in einem Jahr oder in zehn Jahren sein?
Hilf mir, damit ich mir stets das Bild
der Welt vor Augen halte,
die mich erwartet –
das Ewige Leben
nach meinem Aufenthalt
an diesem Ort vorübergehender Anziehung
und Schwärmerei.

(LM I, 65)

Zum Dank

Mein Gott,
ich habe lange gebraucht,
aber nun endlich lerne ich,
Dir zu vertrauen.
Wenn ich gerufen habe, hast Du geantwortet;
Wenn ich geweint habe, hast Du Trost gesandt;
Wenn ich in Not war,
hast Du Dich gezeigt.
Du bist in jeder Lage
für mich da.
Ich muss nur
hinschauen, nachdenken und verstehen,
dann kann ich Dich immer finden;
Du bist da,
stets bereit zu helfen.
Danke Gott,
dass Du auf mich gewartet hast.

(LM I, 225)

5

Wollen

Wollen wollen

Mit einem seiner stärksten Sätze trifft Rabbi Nachman eindeutig den Kern jener Facette der menschlichen Psyche, die unterhalb der Bewusstseinsschwelle wirkt.

Ein junger Mann beklagte sich über seine Schwierigkeiten bei dem Versuch, Gott näher zu kommen. „Aber ich will doch wirklich ein guter Jude sein!“, betonte er gegenüber Rabbi Nachman.

„Aber“, fragte der Rabbi, *willst* du auch wirklich wollen?!“

Zum Lob

Gott, Du hast mir
körperlich, emotional
und spirituell den Willen gegeben,
sehr viele Hindernisse zu überwinden,
die sich vor mir aufgetürmt haben.
Wie oft kam es mir nicht so vor, als
befände ich mich in einer
unmöglichen, hoffnungslosen Situation,
und doch habe ich ihr widerstanden –
habe kreative Lösungen gefunden,
wie ich sie überwinden
und meistern konnte.
Mal um Mal
hast Du mich gestärkt.
Ich weiß, dass Du
mich niemals im Stich lässt.

(LM I, 74)

Nach Gottes Willen

Barmherziger Gott,
ich weiß, wie gut
Du für mich sorgst;
„Nach Deinem Willen“
hast Du mich geschaffen.
Warum will ich dann nicht
immer
der sein, als der Du mich schufst?
Warum bleibe ich so oft
hinter dem zurück,
wie Du mich haben möchtest?

Nach Gottes Willen

Gott, ich will
so vieles sein,
so vieles tun,
unendlich viel erreichen –
aber kann denn ein Mensch
alles sein,
alles tun,
alles haben?
Du allein kennst
das zerbrechliche Gleichgewicht meiner Seele.
Du hast mir
das Potenzial verliehen,
aus diesem Gleichgewicht
ein vollendetes Werk zu erschaffen.
Nun hilf mir, mich zu
einem solchen Werk zu formen,
„nach Deinem Willen".

(LM I, 17)

Negative Wesenszüge überwinden

Oh Gott,
hilf mir,
meine Menschlichkeit
in allen ihren Elementen
zu vervollkommnen.
Hilf mir, all meine
negativen Seiten,
all meine bösen Hintergedanken
zu überwinden.
Lehre mich, Schlechtes
zum Guten zu wandeln.

Gute Wesenszüge aufbauen

Hilf mir zu wachsen;
lehre mich, nach
einer Seele zu streben,
die rein ist und makellos.
Gib, dass mein ganzes Wesen
undurchdringlich wird für das Böse.
Dann darf ich bestimmt hoffen,
dass ich –
in all meiner Menschlichkeit –
verschmelze mit der Heiligkeit
Deines Daseins.

(LM I, 8)

Vollkommenheit der Seele

Gott, vollkommener Gott –
Du hast mich erschaffen
und zur Vollkommenheit bestimmt.
Doch wie weit habe ich mich von dieser
Bestimmung entfernt!
Wie viel von meiner Reinheit
habe ich vertan
durch achtloses, gedankenloses,
selbstsüchtiges Verhalten –
Verhalten, dem es mangelt an Moral
und Heiligkeit.

Gesundung der Seele

Es muss doch möglich sein,
dass ich wieder zu
Anstand und Tugend
finde.
Es muss doch möglich sein,
dass ich
die Reinheit und Vollkommenheit
meiner Selle
wiedererlange.
Gott,
führe mich dorthin,
weise mich nicht ab.
Öffne Deine Hände
und nimm mich wieder auf.

(LM I, 19)

Das Geschenk des freien Willens

Gott der Wunder,
Du hast mir
das allerwunderbarste
Geschenk gemacht –
das Geschenk des freien Willens.
Möge mein Wille niemals abweichen
von Deinem heiligen Willen.
Führe mich zu jeder Zeit,
damit ich stets
das Gute wähle –
und so lange ich lebe
die Wahl treffe, die
im Einklang mit Deinem Willen steht.

(LM I, 190)

Eine Welt der Verantwortung

Erbauer der Welt,
Verfasser ihrer Geschichte,
schenke mir den Mut,
mich an der Gestaltung der Welt
zu beteiligen,
mitzuwirken
an der Entwicklung ihrer Geschichte.
Wie sehr möchte ich
Teil haben an der
Verantwortung für diese Welt –
für ihr Wohlergehen beten,
für ihre Bedürfnisse Sorge tragen,
ihre Schätze hüten,
an ihrer Vollendung mitarbeiten.

(LM I, 5)

Selbsterneuerung

Lieber Gott,
lehre mich, neu zu beginnen –
mich zu erneuern
und mit mir die gesamte Schöpfung,
gerade so wie Du
jeden Tag
die ganze Welt neu machst.
Zeige mir, wie ich
mich befreien kann
aus
den Zwängen meiner Gewohnheiten,
den Fesseln meiner Unsicherheiten,
den Ketten meiner ungerechtfertigten Ängste.

Neubeginn

Lehre mich, lieber Gott,
neu anzufangen;
die Muster von gestern zu durchbrechen;
mir nicht länger vorzutäuschen, dass ich
nicht kann –
wenn ich doch kann,
nicht bin –
wenn ich doch bin –
feststecke –
wenn ich von Grund auf frei bin.

(LM I, 76)

Der Heimweg

Mitte allen Daseins,
hilf mir, den Weg zu finden
zu jenem Allerheiligsten
in meinem Inneren,
zu jener kostbaren Mitte meines Daseins.
Hilf mir, meinen Platz in der Welt zu entdecken –
jenen Ort, an den ich wahrhaft hingehöre,
jenen Ort, der bedingungslos zu mir gehört.
Lieber Gott,
schon so lange streife ich umher,
hilf mir, ihn zu finden,
meinen Heimweg.

(LM I, 188)

Mein Leben heilen

Lieber Gott,
was für ein Chaos habe ich nur aus meinem
Leben gemacht –
ein hoffnungsloses Chaos.
Wie soll ich all mein Unrecht
je wiedergutmachen?
Wie soll ich wiederaufbauen,
was ich zerstört habe?
Nur Du kannst mir helfen,
lieber Gott.
Wenn Du mir nicht hilfst,
welche Hoffnung kann es dann geben?
Hilf mir
und heile mein Leben.

(LM I, 29)

SEHNLICHES AUSSTRECKEN NACH GANZHEIT

Mitfühlender Gott,
Heiler meines Körpers,
Heiler meiner Seele,
heile mich.
Stärke meinen schmerzenden Körper,
tröste mein leidendes Herz,
füge mein zerrüttetes Leben wieder zusammen.
Mache mich ganz.

(LM I, 163)

Neubelebung

Gebieter der Welt,
Du kennst die Verbitterung
meines beklommenen Herzens,
meiner schmerzenden Wunden,
meiner geschundenen Seele.
Sie ist mehr, als ich ertragen kann!
Ich bitte Dich:
Lindere und mildere
die Verbitterung.
Schenke mir Kraft
und Mut,
denn auch meine Arznei
wird gewiss bitter sein;
meine Neubelebung
wird nicht leicht werden.
Allheiler,
heile mich.

(LM I, 27)

Ein Hauch Ewigkeit

Ewiger Gott,
gewähre mir einen Hauch Ewigkeit;
verleihe meinem vergänglichen Leben
ein wenig Dauer.
Gewähre meinen Kindern
und ihren Kindern
Gesundheit,
Glück
und langes Leben.
Solange sie leben,
lebt ein Teil von mir fort;
etwas von mir lebt weiter auf dieser Welt.
Schenke mir Leben, lieber Gott,
und schenke jenen Leben, die nach mir kommen.

(LM II, 68)

Kinder

Liebender Gott,
was ist kostbarer
als unsere Kinder?
Könnte denn ein Schatz
inniger geliebt
und reiner sein,
als jene behüteten Seelen,
die wir in diese Welt gebracht haben?
Hilf mir, sie gut zu leiten,
lieber Gott,
und hilf ihnen, meine Leitung anzunehmen.
Hilf ihnen, ihr Leben
in Glauben,
Weisheit
und Wahrheit zu führen.

(LM II, 7)

Loslassen

Lieber Gott,
hilf mir,
in Würde und Weisheit
zu altern.
Wenn nun die Jahre der Abenddämmerung
ihren Schatten auf mich werfen,
hilf meinem Geist, klar zu bleiben –
im Reinen mit der Welt
und mit sich selbst.
Gib, dass ich lerne,
meine Bindungen an diese Welt
loszulassen
und auch mein Bedürfnis nach
Ehre und Status;
meine Schwäche für
körperliche Freuden;
meinen Neid auf andere
sowie meine Wehmut
um alles, was noch hätte sein können.

Altersloses Altern

Lehre mich, Gott,
meine Tage so zu leben,
dass ich auf das blicke,
was im Leben wirklich zählt.
Wenn sich nun unerfindliche Schmerzen
und Leiden
mehren,
wenn Gedächtnis und Erinnerung
nachlassen,
dann lehre mich, meine körperliche Existenz
in dem immer klarer werdenden Licht
ihrer Vergänglichkeit zu sehen;
lehre mich, meine Seele
im stetig wachsenden Bewusstsein
ihrer ewigen Natur und
ihrer alterslosen Kostbarkeit zu erschauen.

(LM II, 10)

Annäherung an Gott

Meine Seele dürstet nach Dir,
Oh Gott –
werde ich je würdig sein,
Dich neben mir zu spüren?
So viele Hürden gibt es,
die verhindern,
dass ich sein kann, was ich sein will –
ein guter Mensch,
ein gottbewusster Mensch –
doch nur ich selbst
kann dies ändern.
Hilf mir, dass ich mich bemühe,
Dir näher zu kommen.
Hilf mir, dass ich mich sehne,
dass ich verlange,
und strebe
nach Deiner Nähe.

(LM I, 115)

Sich treu sein

Mein Gott,
lehre mich,
mir treu zu sein.
Lass mich nie wankend werden
durch Anerkennung
oder Ablehnung
von anderen.
Hilf mir, dass ich lerne,
mich auf niemanden zu verlassen,
als auf Dich allein,
und nirgendwo anders zu suchen,
als im Inneren, um
mein wahres Selbst
kennenzulernen –
den Menschen, der ich wirklich bin.

(LM I, 66)

Im Einklang mit Gott

Lieber Gott,
sei bei mir
und hilf mir,
dass ich mich bemühe, Dir nahe zu kommen –
Dir ganz ergeben zu sein.
Gib, dass alle Teile meines Wesens
– Körper, Gefühle und Geist –
in einmütiger Entschlossenheit
zusammenwirken,
um Deinen Willen zu erfüllen.
Mögen meine Gedanken,
meine Gefühle,
meine Worte
und all mein Tun
vollkommen im Einklang sein
mit Dir.

(LM I, 23)

Zum Dank

Oh Gott,
nie kann ich Dir genug dafür danken,
dass Du mich auf
den Pfad zur Ganzheit
im Leben geführt hast:
Du hast mir gezeigt,
wie ich meine Wünsche
Deinem Willen gleich mache.
Der Weg
zu Wiedergutmachung und Erneuerung,
zu tiefem Trost und Heilung,
zu Sinn und ewigem Seelenfrieden –
führt nur über
die aktive Suche nach
Deinem Willen.
Danke Gott, dass Du mich
zu dieser Erkenntnis geführt hast.

(LM I, 268)

Wer war
Rabbi Nachman von Bratzlaw?

Rabbi Nachman von Bratzlaw wurde 1772 in dem Dorf Miedzyborz in der Ukraine geboren. Als Urenkel von Israel ben Elieser, dem Baalschemtow, dem Begründer des Chassidismus, erlangte Rabbi Nachman eine herausragende Stufe der Heiligkeit und Weisheit. Bewandert in den tiefsten Tiefen der kabbalistischen Mystik und doch zugleich ungekünstelt, pragmatisch und geradlinig, lehrte er Aufrichtigkeit, Einfachheit und Glaube. Er ersann wundersame Geschichten von Prinzessinnen, Riesen, Bettlern und Kaisern … . Er sprach vom Heilen und vom Ganzwerden … vom Lebendigsein!

Rabbi Nachman gewann eine Schar treuer Anhänger, darunter einfache Leute und Gelehrte gleichermaßen. Für sie war er „der Rebbe“, ihre wichtigste Quelle für spirituelle Wegweisung und Unterstützung. Auch nach seinem Tod hielt sein starker Einfluss unvermindert an. Seine Lehren verbreiteten sich von Mund zu Mund und durch seine Schriften. Seine Anhänger suchten auch weiterhin in seinen Lektionen nach Wegweisung und Inspiration. Die Bewegung, die er begründete, steht heute in voller Blüte und wächst immer noch. Weit über diese Kreise hinaus wurde Rabbi Nachman durch seinen erhabenen Optimismus und seine bodenständige Weisheit zu einem der meistzitierten und -studierten jüdischen Lehrer aller Zeiten.

Rabbi Nachman lebte zu einer Zeit, die man wohl zu den bedeutendsten Wendepunkten in der Geschichte der Menschheit zählen muss. Seine Lebensspanne umfasste den Beginn der Industriellen Revolution, den Amerikanischen Unabhängigkeitskrieg und die Französische Revolution. Goethe, Kant, Lord Byron, Beethoven und Mozart – sie alle lebten und wirkten in den Tagen des Rabbi. In einer Ära, die bereit war zu einem Paradigmenwechsel, aus dem große Vernunft wie auch tiefste Zweifel, ein beispielloses Überwinden äußerer Grenzen, aber zugleich auch eine nie dagewesene innere Leere hervorgehen sollten, legte Rabbi Nachman seinen Finger an den Puls des heraufziehenden Zeitalters und sagte: „Ich will euch ein Geheimnis verraten: Großer Unglaube kommt in die Welt …"

Heute, mehr als zweihundert Jahre später, wissen wir, dass diese Entfremdung von Gott auf der persönlichen Ebene einem „großen Unglauben“ in anderer Form entspricht – der Entfremdung von uns selbst.

An ein Zeitalter gerichtet, in dem das Gefühl der Leere vorherrschen würde, entwickelte Rabbi Nachman eine universelle Lehre, die spirituell Suchende ebenso anspricht wie gewöhnliche Menschen und ihre Alltagsprobleme. Seine Botschaft – eine Botschaft der Hoffnung und der Freude – besagt, dass selbst dort, wo die dunkle Nacht der Seele am undurchdringlichsten scheint, Funken des Lichtes nur darauf warten, freigesetzt zu werden. Seine inspirierenden Worte richten sich an Gläubige aller Richtungen, an weniger Gläubige und sogar an jene, die gar keinen Glauben haben.

Über das Breslov Research Institute

Rabbi Nachman war erst achtunddreißig Jahre alt, als er im Jahr 1810 verstarb. Doch kurz vor seinem Tod sagte er seinen Anhängern, sein Einfluss werde noch lange fortwirken. „Mein Licht wird brennen bis zu den Tagen des Maschiach [Messias]." Generationen von Leserinnen und Lesern ließen sich von seinen Schriften, die von führenden Gelehrten in aller Welt erforscht und gedeutet wurden, begeistern und inspirieren.
Das in allen Gesellschaftsschichten wachsende Interesse an Rabbi Nachman – in akademischen Kreisen ebenso wie unter Laien – führte 1979 zur Gründung des Breslov Research Institute in Jerusalem. Seither befasst sich eine Gruppe von Wissenschaftlern mit der Erforschung der Schriften, der mündlichen Überlieferung und der Musik der Bewegung der Bratzlawer Chassidim. Ziel und Aufgabe des Instituts ist die Veröffentlichung verbindlicher Übersetzungen, Kommentare und allgemeiner Werke über die Chassidut (hebräisch: die Frömmigkeit) der Bratzlawer.
Dazu gehört auch die Aufzeichnung ihres Liedguts und ihrer Melodien auf Tonträgern und in Liederbüchern.

Das Breslov Research Institute hat seinen Sitz in Jerusalem, außerdem Niederlassungen in Nordamerika und Australien sowie Ansprechpartner in Südamerika und Europa.

Die Adresse des Hauptsitzes lautet:

Breslov Research Institute
P.O. Box 5370
Jerusalem, Israel
Tel: 011-9722-582-4641
Fax: 011-9722-582-5542
www.breslov.org
(Ein Kontaktformular findet sich auf der Website)

Ansprechpartner in Europa sind:

Manchester:
Joel Monath
Tel.: 07970 271 823

London:
Aron Meir Ackerman
Tel.: 07968 379 959

Schriften von und über Rabbi Nachman sowie weitere Bücher der Bratzlawer Chassidim können (nur auf Englisch) direkt von der Website des Breslov Research Institute aus bestellt werden.

Literatur-Empfehlungen

Rabbi Nachman, *Der leere Stuhl*, Crotona 2013

Michael Brocke (Hrsg.), *Die Erzählungen des Rabbi Nachman von Bratzlaw. Zum ersten Mal aus dem Jiddischen und dem Hebräischen übersetzt, kommentiert und mit einem Nachwort versehen von Michael Brocke*, rororo 1989

Martin Buber, *Die Geschichten des Rabbi Nachman. Ihm nacherzählt*, Rütten & Loening 1906 bzw. Gütersloher Verlagshaus 2002 (sowie zahlreiche, jedoch teilweise unvollständige Ausgaben in anderen Verlagen)

Martin Buber, *Der Weg des Herzens in der jüdischen Mystik*, Crotona 2013

Martin Cunz, Raphael Pifko (Hrsg.), *Die Weisheit des Rabbi Nachman*, Benziger 2000

Lea Fleischmann, *Rabbi Nachman und die Thora. Das Judentum für Nichtjuden verständlich gemacht*, Scherz 2000

Clemens Thoma, *Nachman von Bratzlaw*, Herder spektrum 2002

Adin Steinsaltz
Die dreizehnblättrige Rose
Von den Geheimnissen der Kabbala und ihrer Bedeutung für unser Leben

Israels berühmtester Rabbi und sein Meisterwerk über die Kabbala.

Die „Dreizehnblättrige Rose“ ist eine Perle jüdischer Mystik, ohne jemals weltabgehoben zu sein. Immer steht im Text der Mensch und sein Leben im Alltag im Mittelpunkt, doch stets geht der Blick über die alltägliche Wirklichkeit hinaus auf eine höhere Dimension, die alles Erdengeschehen durchwirkt. Wahre Kabbala zeigt sich überall dort, wo sie ein Menschenleben verändert und die verborgene Gegenwart Gottes in allem Geschaffenen aufleuchten lässt.

Jüdische Spiritualität und Lebensweisheit in praktischer und poetischer Vollendung. Eine wundervoll glitzernde Perle der Mystik!

ISBN: 978-3-86191-019-0, 160 Seiten, Hardcover

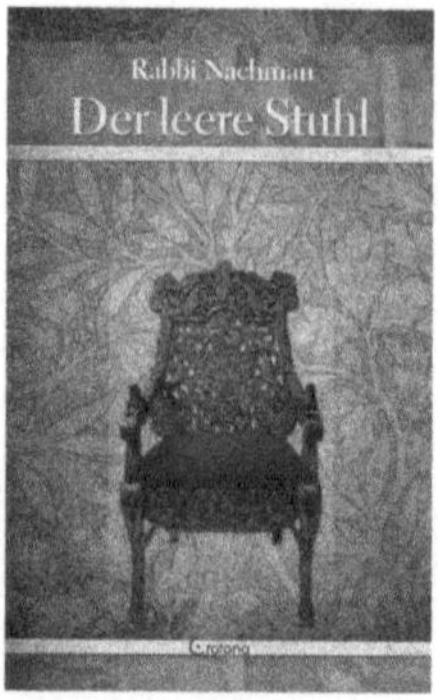

Rabbi Nachman
Der leere Stuhl

Eines der berühmtesten Werke der jüdischen Weisheit in vollständig neuer Ausgabe!

In seinem Weisheitsschatz „Der leere Stuhl“, der nach dem Originalstuhl Rabbi Nachmans benannt wurde, sind seine tiefsten Einsichten aufbewahrt worden. Sätze und Aphorismen von beeindruckender Klarheit, inspirierender Weisheit und wunderbarem Humor.

Dieses kleine Buch hat in aller Welt buchstäblich Menschen gerettet und aus großen Lebenskrisen geführt. Es ist ein Wegbegleiter durch das Leben, das immer zur Hand sein sollte, um daraus Kraft und Inspiration zu schöpfen!

ISBN: 978-3-86191-034-3, 120 Seiten, Hardcover